LE SANG!

Plus qu'une

BOISSON POUR LES VAMPIRES

Pour Lily, qui donne son sang et sauve des vies
– S. M.

À mes sœurs de SANG, Bethany et Diana
– S. J. C. T

Catalogage avant publication de Bibliothèque et Archives Canada

Titre: Le sang! plus qu'une boisson pour les vampires / Stacy McAnulty ;
illustrations de Shawna J. C. Tenney ; texte français de Marlène Cavagna.
Autres titres: Blood! not just a vampire drink. Français
Noms: McAnulty, Stacy, auteur. I Tenney, Shawna J. C., illustrateur
Description: Traduction de : Blood! not just a vampire drink.
Identifiants: Canadiana 20240304500 I ISBN 9781039704046 (couverture souple)
Vedettes-matière: RVM: Sang—Ouvrages pour la jeunesse. I RVM: Appareil cardiovasculaire—Ouvrages
pour la jeunesse. I RVM: Vampires—Ouvrages pour la jeunesse. I RVMGF: Documents pour la jeunesse.
Classification: LCC QP91 .M3314 2024 I CDD j612.1/1—dc23

Version anglaise publiée initialement en 2022 par Henry Holt®,
une marque enregistrée de Macmillan Publishing Group, LLC.

Édition publiée par les Éditions Scholastic, 604, rue King Ouest, Toronto (Ontario) M5V 1E1, Canada, en vertu d'une
entente conclue avec Henry Holt and Company. Henry Holt® est une marque déposée de Macmillan Publishing Group, LLC.

5 4 3 2 1   Imprimé en Chine 38   24 25 26 27 28

Conception graphique du livre : Mina Chung et John Daly
Les illustrations de ce livre ont été créées numériquement à l'aide de Photoshop, avec de la gouache,
de l'aquarelle, des pastels et des pinceaux éclabousseurs, ainsi qu'à l'aide de Procreate,
avec de la craie, de la gouache et des pinceaux à aquarelle.

LE SANG!

Plus qu'une

BOISSON POUR LES VAMPIRES

JE NE VEUX PAS BOIRE TON SANG

SMOOTHIES

Stacy McAnulty • Illustrations de Shawna J. C. Tenney

Texte français de Marlène Cavagna

SCHOLASTIC

Bonsoir.
Une pinte de ton
meilleur sang, le type
O positif.

Désolé, Comte.
Nous ne servons pas de sang ici.
Il est trop important pour les
humains, on ne peut pas le boire.

Mes mélangeurs n'ont jamais vu une goutte de sang.

Le sang appartient au système cardiovasculaire.
C'est l'autoroute du corps qui sert à fournir l'oxygène et les nutriments
nécessaires aux organes, et à transporter les déchets.

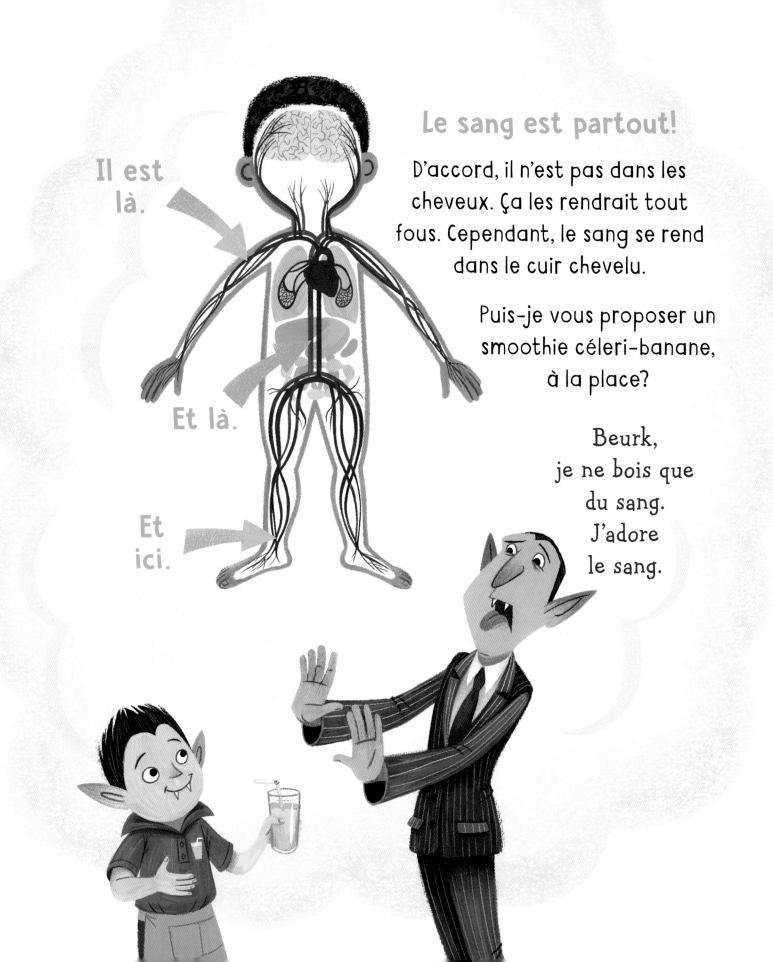

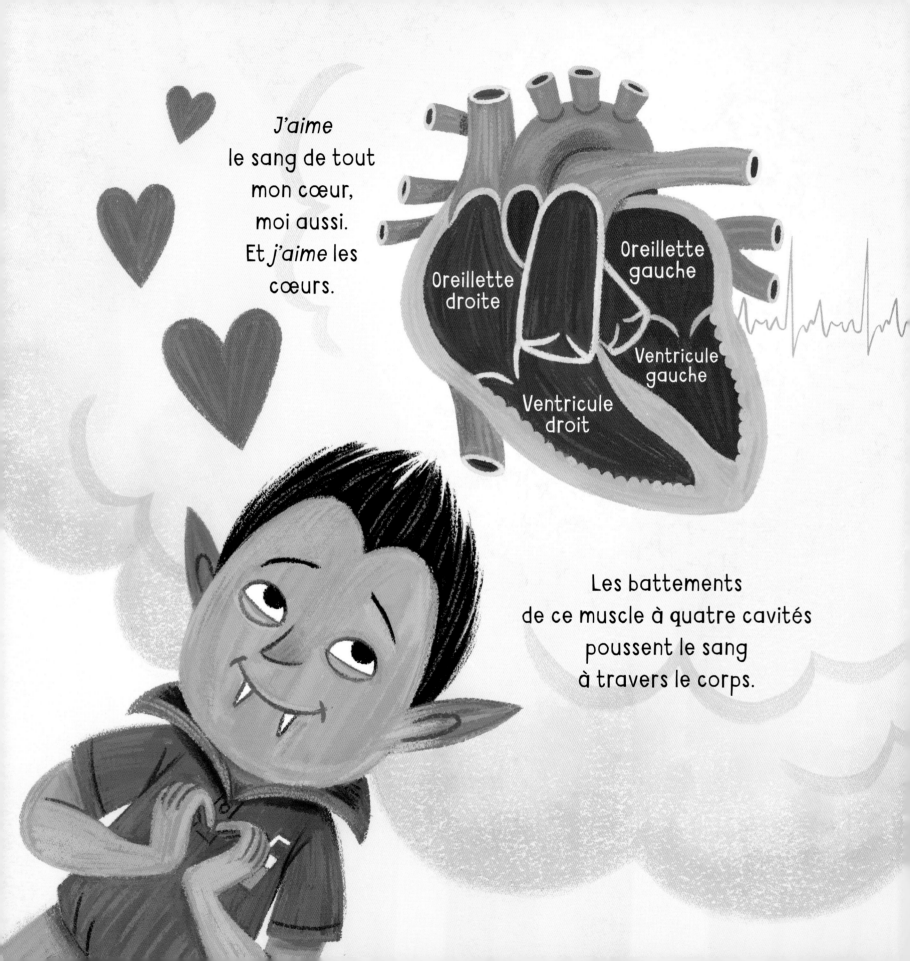

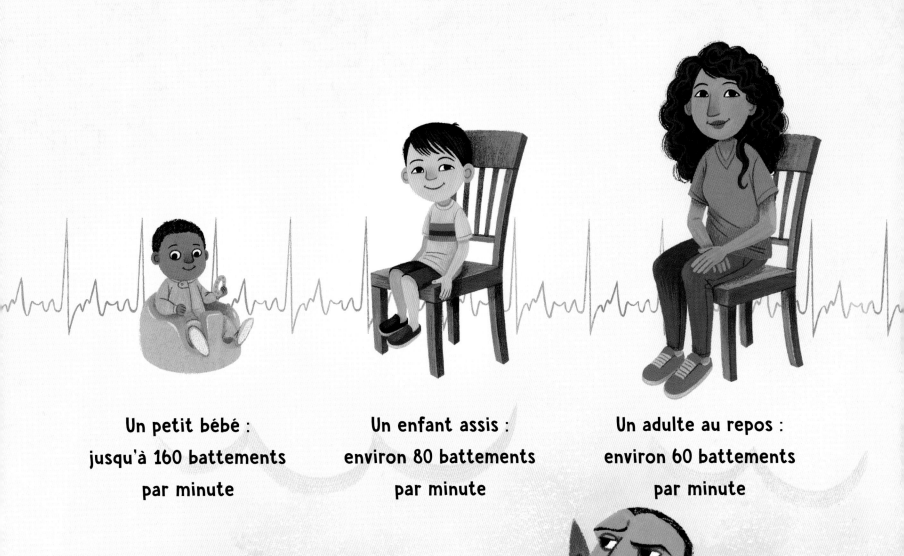

Un petit bébé :
jusqu'à 160 battements
par minute

Un enfant assis :
environ 80 battements
par minute

Un adulte au repos :
environ 60 battements
par minute

Le sang part du cœur et circule dans…

les artères (des tubes avec des muscles),

les artérioles (des branches des tubes)

et les capillaires (de minuscules tubes), qui le conduisent dans de minuscules endroits.

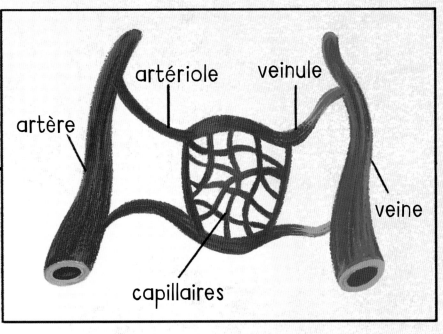

artère

artériole   veinule

veine

capillaires

Maintenant, le sang doit retourner
au cœur. Il passe par les capillaires,
les veinules (d'autres branches des tubes),

puis les veines
(des tubes plus fins, sans muscles)

et, enfin, il arrive à destination.

Quand est-ce
qu'il se rend
dans ma bouche?

Pourquoi pas un smoothie
ananas-figue?

Qu'est-ce que c'est?
Ça contient des globules rouges?

Hum, non, juste de l'ananas et des figues.
Et le sang ne contient pas que
des globules rouges.

Liste des ingrédients du sang

Globules rouges

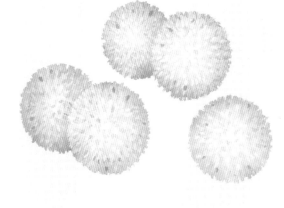

Globules blancs

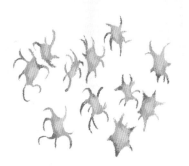

Plaquettes

Vaisseau sanguin

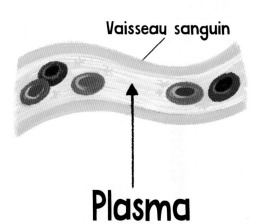

Plasma

Les globules rouges
transportent des gaz.

Ils vont chercher
de l'oxygène dans les poumons
et l'apportent aux muscles,
au cerveau, à l'estomac, partout.

Et puis ils font sortir
les déchets, comme le dioxyde
de carbone.

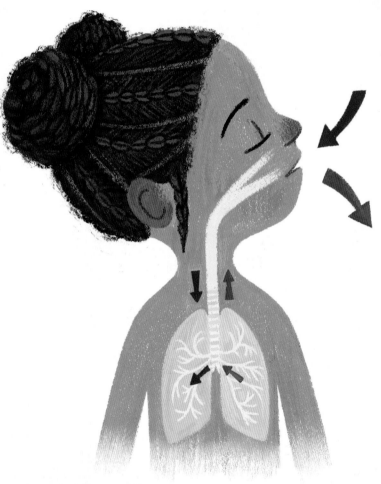

Quand ils sont pleins d'oxygène,
les globules rouges sont d'un rouge intense.
C'est grâce à l'hémoglobine.

Sans oxygène, ils sont
d'un rouge plus pâle.

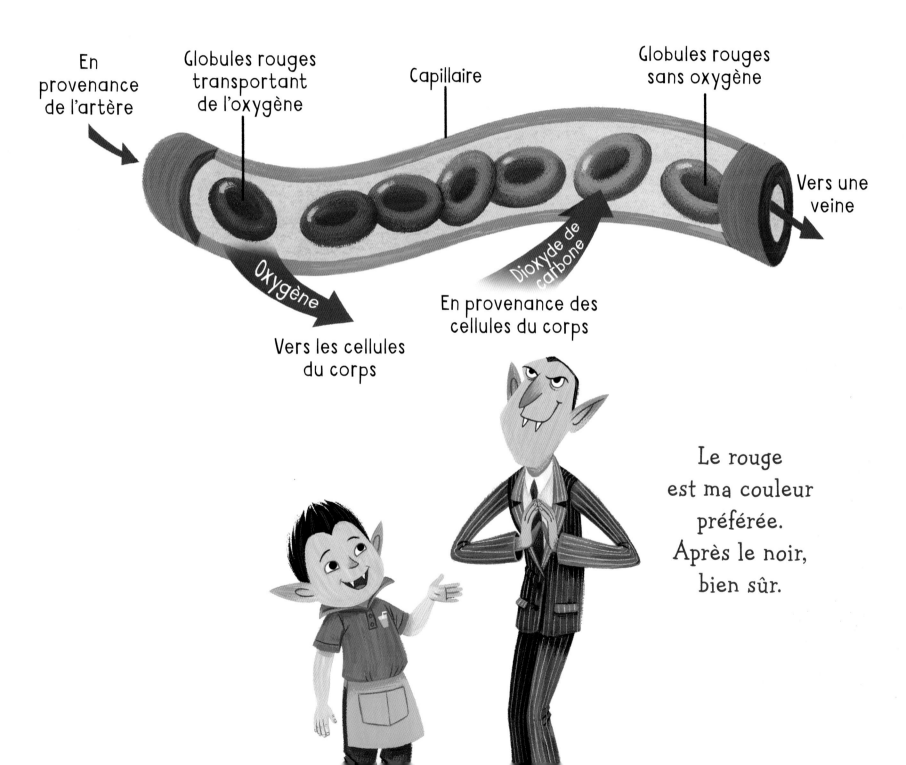

En provenance de l'artère

Globules rouges transportant de l'oxygène

Capillaire

Globules rouges sans oxygène

Vers une veine

Oxygène

Dioxyde de carbone

Vers les cellules du corps

En provenance des cellules du corps

Le rouge est ma couleur préférée. Après le noir, bien sûr.

La plupart des animaux ont un beau sang rouge, mais pas tous.

Les araignées et les limules
atlantiques ont le sang bleu.

Bah!

Le sang de la
grande-gueule ocellée
est transparent.

Heu!

Les sangsues et certains
vers ont le sang vert.

Dégueu!

Je préférerais
encore sucer un
pansement.

Si les globules rouges
sont si importants,
donne-moi plutôt
un verre de
globules blancs.

Globules blancs

Les globules blancs sont tout aussi importants. Ce sont des guerriers extraordinaires, qui combattent les maladies et les infections.

Où ça? Où est ce délicieux enfant avec sa fontaine de sang?

Voyons,
Comte.

Mais j'ai SOIF! Pas de globules rouges.
Pas de globules blancs. Pas de plaquettes.
Qu'est-ce qui reste?

Le plasma!

Le sang humain est composé
principalement de plasma (les
globules rouges, les globules blancs
et les plaquettes y barbotent),
et le plasma est fait d'eau.

J'en prendrai un grand verre.

Un grand verre d'eau!
C'est parti!

Sang

Plasma

Plasma —

Globules rouges
Globules blancs
Plaquettes

Protéines —
Leucocytes
et
plaquettes

— Autre

— Eau

Érythrocytes

Ce n'est pas possible, Comte.

Même si le corps des adultes humains contient plus de
3,7 litres (1 gallon) de sang, on ne peut pas le boire au souper.

16 verres = 3,7 litres (1 gallon)

En revanche, les gens peuvent
donner leur sang.

Oui. Oui. Ils peuvent
donner leur sang.
À moi!

Non. Non.

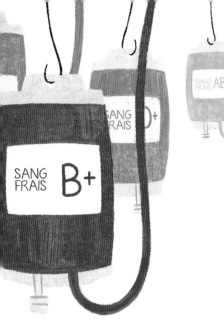

Ils peuvent donner leur sang pour aider d'autres humains, pas pour aider un vampire assoiffé.

S'ils peuvent le faire, c'est parce que le corps produit du sang neuf en permanence.

En bref, les gens sont des usines à sang.

Je sais! Je sais!
Tu me fais rire, petit.

Les cellules sanguines sont créées
dans la moelle osseuse : le centre spongieux
et mou des os.

Principaux fabricants de sang

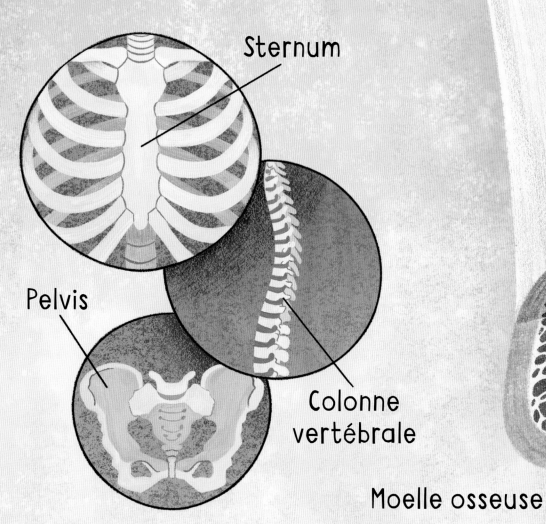

Sternum

Pelvis

Colonne
vertébrale

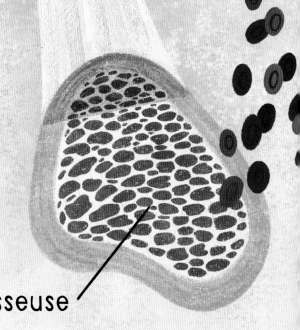

Moelle osseuse

Et aucune pour moi?

Les humains sont égoïstes.

Une personne peut produire
2 millions de globules rouges
par seconde. C'est environ
200 milliards par jour.

Attends une minute.

Tu es un vampire.
Tu ne bois pas de sang?

Non. Le sang contient trop
d'ingrédients superflus, comme
des traces de plomb, du zinc,
du fer et même de l'or.

Plomb **Zinc**

Or **Fer**

Je bois du sang depuis
397 ans. C'est ma boisson
préférée. Je n'ai jamais
rien essayé d'autre.

Vraiment?

Je suis très sérieux. Je ne plaisante pas.

Alors, j'ai quelque chose pour vous. Quelque chose à vous mettre sous la dent.

Un frappé au chocolat!

Beurrrk. Ce n'est pas la bonne couleur.

Essayez.

Ce n'est pas la bonne température.

ESSAYEZ!!!

C'EST DÉLICIEUX!
Je ne vais plus jamais
boire de sang!

Je crois que vous avez mérité ce tee-shirt.

Je ne BOIS plus de sang!

CHERS ÊTRES REMPLIS DE SANG,

Le sang est très important pour le corps humain : il distribue les nutriments, transporte les déchets, combat les infections, régule la température et plus encore! Il est facile d'imaginer pourquoi les vampires aiment cette substance rouge. Et même si nous ne pouvons pas donner notre sang à de drôles de monstres aux dents crochues, les adultes en bonne santé peuvent faire don de leur sang, car leur corps en produit en permanence.

Le sang qui a été donné est utilisé pour aider les gens qui subissent des opérations médicales, qui ont eu un accident, ou encore qui sont malades. Le sang est un liquide incroyable qui peut sauver des vies, ce qui le rend presque magique. Selon la Croix-Rouge américaine, une personne a besoin d'une transfusion de sang toutes les deux secondes. Et tout ce sang provient de donneurs et de donneuses. Il n'existe pas d'usine ou de laboratoire qui en fabrique (ni de comptoir à smoothies).

Alors, si un jour tu rencontres un vampire (ça n'arrivera pas, ils n'existent pas), dis-lui que le sang est une terrible boisson, mais un élément incroyable de ton corps.

Cordialement,
STACY
Autrice et fabricante de sang (de type A+)

QUELQUES FAITS SUR LE SANG

Les humains ont différents groupes sanguins :

A+, A-   B+, B-   AB+, AB-   O+, O-

O+ est le type le plus courant. Les scientifiques essayent toujours de comprendre pourquoi notre espèce a développé différents types de sang. En revanche, ils savent que le groupe sanguin d'une personne est défini par ses parents biologiques.

Le sang représente à peu près 10 pour cent du poids d'un adulte. Pour un homme de taille moyenne, cela représente environ de 4,5 à 5,6 litres (de 9,6 à 12 pintes).

Un adulte en bonne santé peut faire don de 0,5 litre de sang tous les 56 jours sans aucun effet négatif sur sa santé. Et en plus, on lui donne un biscuit et du jus quand c'est terminé.

Le sang est précieux. Si précieux qu'il contient une petite quantité d'or! Si on pouvait récolter cet or, cela représenterait environ 0,2 milligramme, soit le poids d'un moustique.

Les globules rouges ont une durée de vie de 120 jours, alors que les plaquettes ne vivent que 10 jours. Les globules blancs peuvent vivre entre quelques heures et des années, selon leur type.

La peur extrême du sang s'appelle l'hémophobie. Une personne qui en souffre est perturbée par la vue du sang et elle craint les seringues et les piqûres. Peut-être aussi qu'elle n'apprécierait pas ce livre.

Les vampires sont des personnages de fiction, mais il existe quelques bestioles bien réelles qui boivent du sang : les moustiques, les sangsues, les puces, les tiques et certaines espèces de chauves-souris. Les humains ont assez de sang pour que ces bestioles puissent en boire un peu sans les assécher. En revanche, ces buveurs de sang peuvent répandre des maladies.

La légende veut que les vampires aiment le sang, les cercueils et les châteaux. Ils détesteraient la lumière du soleil, l'ail et les pieux en bois.

Stacy McAnulty possède environ neuf pintes de sang. Elle est l'autrice de plusieurs livres bien-aimés, dont *Moi, la Terre : Mes premiers milliards d'années*, *Moi, l'océan : Essentiel à la vie* et *Moi, Pluton : Pas une planète? Pas de problème!*, de même que *Brains! Not Just a Zombie Snack*. Elle vit en Caroline du Nord avec ses trois enfants, ses trois chiens et son mari.

Shawna J. C. Tenney se demande souvent si son groupe sanguin A+ l'aide à créer des œuvres d'art dignes d'un A+ (hé, tout est possible! Bon, d'accord, probablement pas). Quand elle n'est pas en train de dévorer des tablettes de chocolat, on peut trouver l'autrice-illustratrice dans son studio, où elle crée des histoires comme *Pirates Don't Dance!* et *Brunhilda's Backwards Day*. Elle vit en Utha avec ses deux enfants, ses deux chats et son mari.